BOUVIER VERLAG 1996
7. AUFLAGE

BEIKIRCHER
WIE ISSET? JOT!
NEUES ZWISCHEN HIMMEL UN ÄÄD

RHEINISCH BEIM WORT GENOMMEN

Zeichnungen: Anne Siering-Beikircher

1.—10. Tausend Mai 1993
11.—20. Tausend Juni 1993
21.—25. Tausend Januar 1994
26.—30. Tausend März 1994
31.—35. Tausend Juli 1994
36.—40. Tausend April 1995
41.—45. Tausend Januar 1996

Die Deutsche Bibliothek — CIP-Einheitsaufnahme
Beikircher, Konrad:
Wie isset? Jot! : Neues zwischen Himmel un Ääd :
Rheinisch beim Wort genommen / Konrad Beikircher,
7. Auflage - Bonn: Bouvier 1996

ISBN 3-416-02452-4

 Satz: Computersatz Bonn GmbH, Bonn. Druck und Einband: Druckerei Plump KG, Rheinbreitbach. Printed in Germany. Zeichnung auf dem Buchumschlag: Anne Siering.

INHALT

DIE RHEINISCHE DIALEKTIK

Im Laufe der Entwicklung vom Einzeller zum Zweibeiner hat der Mensch unter anderem Sprechen gelernt. Wenn auch diese Fähigkeit in deutschen Regionen sehr unterschiedlich ausgeprägt ist (so kann man unter anderem sehr hübsch die Entwicklungsgeschichte der Menschheit zurückverfolgen, wenn man zum Beispiel von Bonn nach Paderborn fährt), so ist doch allen deutschen Zungen die Möglichkeit gegeben, sich miteinander zu unterhalten. Wenn man sich aber miteinander unterhält, wird man immer wieder an einen Punkt kommen, von dem an das Gespräch nur weiterfließt, wenn man die Fähigkeit hat, eigene Behauptungen durch gekonnte Beweisführung zu untermauern.

Diese Erkenntnis hat seinerzeit einen ansonsten zu recht unbedeutend gebliebenen Eigenbrödler aus der Oberlausitz – Johann Gottlieb Fichte – dazu geführt, die sogenannte Dialektik zu entwickeln. Sie wissen schon: These – Antithese – Synthese. z. B.:

These: *„Mir jeiht et jot“.*

Antithese: *„Jo ewwer wat es, wenn ich nur denken, dat et mir jot jeiht, in Wirklichkeit ewwer jeiht et mir schläch?“.*

Synthese: *„Sofort Kölsch un Jrappa, weil: dann es et mir ejal!“*

Der Rheinländer allerdings hat dieses – insgesamt nun wirklich etwas magere – System der dialektischen Beweisführung perfektioniert. *Dofür bruch dä och keine oberlausitzer Waldphilosophen für.* Der Rheinländer hat ein generelles System der Beweisführung entwickelt, das für alle Lebenslagen geeignet ist und immer angewandt werden kann: die rheinische Dialektik.

Sie schreitet in drei Stufen fort, so da sind:

1. Die Bestätigung des Besonderen
2. Die Kehrseite des Vertrauten
3. Die Zementierung der Einmaligkeit.

Beispiel: eine Rheinländerin berichtet aus ihrer Patientenlaufbahn. Nun wissen wir: der Rheinländer als Patient ist eine Geschichte für sich, denn: er ist NIE der medizinische Normalfall, er ist immer die Ausnahme. Mit konsequenter Hartnäckigkeit hält der Rheinländer dem akademischen Wissen der Medizin das Wissen darum entgegen, *wie et werklich es*.

Stufe 1: Die Bestätigung des Besonderen.

„Wat sin Sie? Dick wollen Sie sein? Jo wat soll ich dann sage, ich sag et Ihnen: furchtbar! Ich hab ja in mingem janzen Leben mieh Zick für nohm Aaz verbracht als wies für sunsjet. Dat Jeld, wat ich un minge Mann für mich nohm Aaz jetrage han: esu vill Taxi kann et jar net jewwe, wat ich fahre künnt! Ich sage Ihnen: unwahrscheinlich! Ich meine: dat wor bei mir jo schon von Anfang an, ne, ich hatte ja domols als Säugling jo schon 10 Kilo, ne. Unwahrscheinlich. Do stund jo domols schon dat janze Krankehuus Kopp, wie ich em Kreißsaal do met zehn Kilo op dr Waag jeläje han, ne, do hät domols schon dä Professor für ming Mutter jesaat: ‚Lev Frau Dingenskirchen, wat soll dat dann jewwe: noch kei Stund alt un schon zehn Kilo', also dat wor einmalig, wor dat ja . . ."

Zeigt man an dieser Stelle Skepsis, zündet Stufe 1 der rheinischen Dialektik: die Bestätigung des Besonderen. Man sagt zum Beispiel: *„Wat es? Als Säugling? Zehn Kilo? Dat jitt et jo normal jar net!"* und bekommt als Antwort: *„Ebends! Saren ich jo! Unwahrscheinlich!"*.

Stufe 2: Die Kehrseite des Vertrauten

Bleibt man immer noch skeptisch, so wird erstmal der Faden der Erzählung wieder aufgegriffen, bevor die Stufe zwei der rheinischen Dialektik zündet.

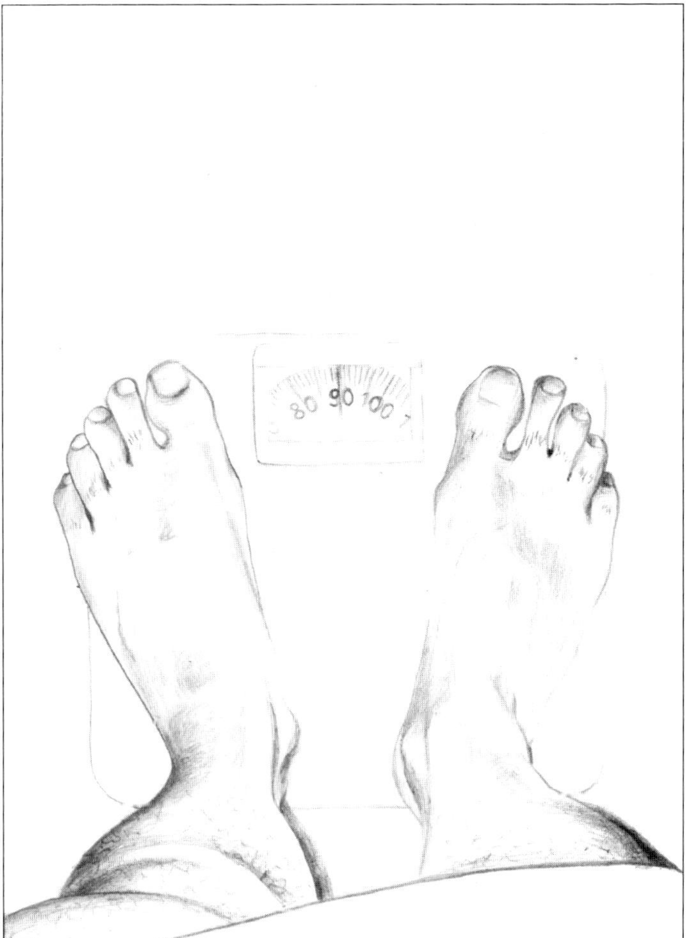
80 90 100

„Es jo dann och jeblieve, na. Hier: in der Schule, ne. Ich wor jo die einzigste, die immer per se vom Turnen befreit wor, ne. Unwahrscheinlich. Wejen Jewicht, ne. Ich meine: klar. Hätte jo keine Lehrer verantworten künne, stellensvür: dä Barren wör zesammenjebroche. Ich meine: ICH hät dat jo net bezahle müsse, ne. Ich hatte jo domols, mit zehn Johr, ne, hatte ich ja schon jot 70 Kilo . . .". Kommt hier eine skeptische Zwischenfrage, greift Stufe zwei der rheinischen Dialektik: die Kehrseite des Vertrauten. Sagt man etwa: *„Wat es? Met zehn Johr? Sibbezich Kilo? Dat kann ich mir net vürstelle."* erhält man als Antwort: *Eja! Dat es bei mir komisch, ne"* oder: *„Do sin ich komisch drin! Dat es bei mir seit domols, also, ich kann jo esu winnich essen als wies ich will: ich nemmen zo! Ich meine: ich esse jo wie ein Vögelchen, ne,* (120 Kilo! Aber: ‚wie ein Vögelchen'), *ich bruchen jo nur an der Bäckerei vorbei ze jon – dä! At widder fünf Pund drop. Dat es bei mir irjendswie, ich weiß et net . . .".*

Stufe 3: Die Zementierung der Einmaligkeit.

Bleibt man in dieser Phase immer noch skeptisch, so zwingt man dadurch den Rheinländer, zur Stufe drei zu greifen. Diese Stufe zündet der Rheinländer im allgemeinen nur, *wenn et nit mieh anders jeiht,* wenn er quasi an der Wand steht.

„Dat sin bei mir die Drüsen, ne, also dat weiß ich jetzt vom Aaz aus, dat müssen bei mir die Drüsen sein. Ewwer ich froren mich immer: wat dann für Drüsen? Ich meine: kann dr Minsch dann övverhaupts esu vill Drüsen han als wies ich? Oder es dat bei mir, dat ich vielleicht jet mieh Drüsen han als wies normal? Ich meine: un do sin die Ärzte jo och at unverschämp, ne. Wat hät mir minge Aaz für Vürdräch jehale von wejen Diät un esu. Ewwer: dat schlägt bei mir nicht an! Mich können Sie op dr Klo setze: ich nemmen zo!"

Wer hier einhakt und sagt: *„Wat es? Op dr Klo? Zonemme?",*

der bekommt dann als Antwort: *„Eja! Do können Sie mich für ansehen!"*.

Wer da nicht mundtot ist, dem ist nicht mehr zu helfen. Nur: es stimmt ja alles! Das heißt: es gibt ja eine objektive Bestätigung für diese medizinische Ausnahmestellung des Rheinländers. Sprechen Sie mit Rheinländern, die zum Beispiel operiert worden sind. Jeder wird Ihnen von einem Prozeß berichten, den es in dieser Häufung nur im Rheinland gibt.

„Jo un dann wor ich jo em KRANKENHUUS, für ungers Mezz, ne. Also ich muß sage: dä Professor, wat mich opereet hät: EINMALIG! Die Hängk! Also do könnt ich mich bück noch dreck in demm sing Häng vergucke, ne. Ewwer esu jet von Hängk! Jo un dä hät dann noh der Operation für mich jesaat: ‚Lev Frau Dingenskirchen', hät hä jesaat, ‚die Jalle, also esuuu e Dingen, ne', un dat er die Jalle sofort einjeschick hät, sofort . . ."

Und da sind wir bei der objektiven Bestätigung der Besonderheit des Rheinländers. Ist er unterm Messer, wird alles sofort eingeschickt. Ich kenne keinen Rheinländer, bei dem es anders gewesen wäre.

Esuuune Krampfadern! Haben die alles einjeschickt. Esuuu e Jewächs! Haben die alles einjeschickt. Esuuu ene Kopp! Haben die sofort einjeschickt.

Kein Mensch weiß, wohin. Aber: Alles einjeschickt! Na, ich bitte Sie, wenn das kein Beweis ist?

DER RHEINLÄNDER UND SEIN DATIV

Ja, der Dativ! Was für ein Fall! Und ganz bestimmt ein Fall für sich. Den meisten geläufig, aber nicht immer, mir immer schon ein Lieblingsfall, gleich neben dem Genitiv, dem zweiten Fall.

Rettet dem Dativ! Das war ja lange Zeit eine Parole auf den Bänken und an den Wänden unserer Universitäten.

Nun: wem Sprachgefühl gegeben ist, dem ist der Dativ vertraut. Jedem das Seine, was dem einen die Eule, ist dem anderen die Nachtigall.

Datev? Dritter Fall? Kennt dä Rheinländer och. Klar. Dat es dem Rheinländer vertraut, als wies sonstwemm. Und wemm dat net paßt, demm es och at net mieh ze hellefe. Weil er den Dativ so liebt, verstärkt er ihn also gerne durch die Verdoppelung des M, um dem Janzen jet Nohdruck ze verleihe. Wemm? Demm! Na also.

Aber:
der Dativ ist dem Rheinländer noch viel mehr.

Der Rheinländer lebt ja in einer ZWEI-FÄLLE-GRAMMATIK im Gegensatz zum Hochdeutschen, das diese verwirrende Anzahl von vier Fällen kennt. Zum Beispiel:

Der Mensch
des Menschen
dem Menschen
den Menschen
WAT ENE QUATSCH!

Im Zwei-Fall-Rheinisch heißt das:

Dat Minsch
demm Minsch singe
demm Minsch
dat Minsch
feedich es die Laube!

Und da sind wir mitten im Herzen des Problems (wobei

dieses Problem als Problem nur für den Hochdeutschen existiert): der Rheinländer hat der dritte Fall ausgeweitet. Er hat der zweite Fall mit dem dritten zesammejelegt, wie er auch der erste Fall mit dem vierten zesammejelegt hat.

Ich meine: *jot*. Erster und vierter Fall *es jo quasi och datselbe: ob dä Hungk dä Mann bieß oder dä Mann dä Hungk, es ejal*. Oder: *ob dä Jupp dat Minsch verklopp oder dat Minsch dä Jupp: wo es do dä Ungerschied?*

Ewwer beim zweiten und dritten Fall liegt der Fall *net esu klar op der Hand, ne. Do muß och* der Rheinländer feine Unterschiede einbauen, um unterscheiden zu können." Wes Brot ich eß, des Lied ich sing" ist eine Redensart, die schlichtweg unmöglich ins Rheinische übersetzt werden könnte, gäbe es da nicht eine geniale Hilfe:
den sogenannten Wemsing-Genitiv.

Der Wemsing-Genitiv ist eine Konstruktion aus dem *Datev* heraus, die sprachliche Begegnung der dritten Art quasi. Und plötzlich ist die Übersetzung von „Wes Brot ich eß, des Lied ich sing" kein Problem: *„Wem sing Bruud ich ess, dem sing Leed ich sing"* Patsch! Fertig ist die Laube. Hier wird der Rheinländer – entgegen seiner sonstigen Sprachsparsamkeit – geradezu barock.

Wo ist Papis Tasche? *Wo es dem Bap sing Täsch?!*

Wo ist die Wurst des Hundes? *Wo es dem Hungk sing Woosch?!*

Wo ist Meisners Mitra? *Wo es dem Meisner sing Kapp?*

Wo ist Chantals Gürtelschnalle? *Wo es dem Chantal singe Jürtel sing Schnall?*

Wessen Frau ist das? *Wem sing Minsch es dat dann do widder an mingem Mann singe Uhrläppche?*

Und wessen Einfall war es? *Wem sing Idee wor dat dann, demm sing dreckelije Strömp zwesche minge Mann sing saubere Wäsch ze däue?*

Sie sehen, der Wemsing-Genitiv ist eine geniale Hilfsbrücke mit leicht chinesischem Einschlag, was allerdings dem rheinischen eben jenes internationale Flair gibt, dessen es sich zu Recht rühmen darf. Aber vollends wunderbar wird es, wenn wir jetzt in die Unterform des Wemsing-Genitivs eindringen: den Fundemsing-Genitiv. Wir erinnern uns noch an „Begierig, kundig, eingedenk, teilhaftig, mächtig, voll“. Und alle diese Wörter schreien nach dem zweiten Fall. Der Rheinländer müßte verzweifeln, wollte er diese Worte benutzen und entbehrte des Fundemsing-Genitivs. So aber . . .!

Bejeerich nohm Früh sing Kölsch
kundig vun demm sing Öffnungszigge
enjedenk emm sing Frau ihr Schängerei
deelhaftich vun dä ihr Portemonnaiche
wor dä dann mächtig voll. Normal!

DER RHEINLÄNDER UND DIE FEIERTAGE

Also
wenn man esu bedenk:
FEIERTAGE
es jo eijentlich komisch
sch-meine: do sollte man jo eijentlich feiern
heißen ja: Feier-Tage
feiern dät ewwer keine, ne
nur: nicht arbeiten
dat dät jeder
aberöm:
isset schon feiern
wenn man nicht arbeitet?
Ich weiß et net.
außerdem:
wenn an enem Feiertag
überhaupts keine mieh am arbigge wör
jetz mal janz avjesehen dodevon,
ob die fiere oder net,
wenn also ja keine mieh am arbigge wör
dat wör jo dä ZUSAMMENBRUCH schlechthin, ne
Hier:
die Poss, et Krankehuus,
obwohl:
bei den beiden wör et net esu schlimm, ne,
weil:
jetzt mal anjenommen:
et stirbt einer an einem Feiertag
em Krankehuus, ne
also ob man do jetzt
eine Daach früher oder später jewahr weed
dat do eener avjenippelt hät
es jo amfürsich ejal, ne

JUNI
27
SONNTAG
SIEBENSCHLÄFER

jetzt mal so jesehen
nur:
em „Kahle Büjeliese“
wat ming Stammweetschaff es
do wör jo dann och at keine mieh am arbigge
also: am zappe, ne
die hätten jo dann och at zo
wie hier: die Firma dingens, ne,
wo man immer sagt:
Dingens und CO
morjens jeschlossen, nohmiddaachs zo!
sch-meine:
dat wör jo en Katastroph, ne!
weil:
ich bräucht dann zwar
am Feiertag net ze arbigge
ewwer: ich könnt
noch netens fiere
dat ich net arbigge muß!
Un zu Hus
do mäht dat drinke
äh, dat fiere
keine Spaß, quasi
OBWOHL:
dat es im Jrunde jo och komisch, ne
wenn man dat jetz emol
konsequent zu Ende denk:
also dat mit dem drinke un fiere
un dat dat quasi eins es, ne
also do wör jo jetzt
der höchste Fierdaach der
der man am mihtste ‚fiere‘ dät, ne
logo
wenn man ihn ewwer esu intenseev fiere dät

dann dät man vun demm Fierdaach
övverhaupts nüß mieh jewahr weede
von wejen Heidewitzka un esu, ne
un do wör natürlich die Frage
obs dat jetz och im Sinne des Erfinders es
quasi
also mal rein theoretisch, ne
hehe
und do es jo noch jet:
Feiertare, ne
es jo jet Festes em Kalender
ich-meine:
do kann man sich jo schon wochenlang
vorher
drop freue
dat dä Fierdaach kütt,
von demm man später weiß,
dat man von demm nüß mieh weiß, ne, hehe
jot
hat man mindstens vorher wat jehabt davon
un dat weiß man ja
im Zweifelsfall schon Jahre im vorhinein
dat ebends dann und dann der Feiertag es
oder wor, ne
UN DO SCHAFFEN DIE ARMLEUCHTER
PLÖTZLICH DÄ 17. JUNI AV
Mir nix dir nix
EINEN FEIERTAG!
EIN VERBRECHEN ES DAT!
Ich meine: jot,
Tag der deutschen Einheit
wor mir amfürsich ejal, ne
Aber et wor doch immerhin ene Feiertag!
Hätten die jo umwidmen können:

Tag der deutschen Reinheit
meinshalben
als Bollwerk jejen dat beljische Kunsbier
wo man nur Kopping von kritt
Dat wör et doch jewesen:
Tag der deutschen Reinheit
mit Zwangsbesuch deutscher Brauereien
meinshalben
wör jo och pädadingens wertvoll
damit die Pänz sin künne
wat dat für wertvoll Zeug es
wat man sich do
Ovend für Ovend
in der Schädel ereinkipp
es jo quasi reine Natur, ne
Also wenn Sie mich froge:
für mich es un bliev
dä 17. Juni
ene Feiertag
aber Hallo!
Un övverhaupts:
wo Sie jrad sage: „Feiertage".
Es jo suwiesu e Kapitel für sich
hier:
3. Oktober es esu ene Fall!
Wissen Sie
wat dat für e Daach es?
Ja sicher
Wiedervereinijung
ewwer dat mein ich net.
3. Oktober:
do sin die Hillije Bröder Ewaldi für zuständig.
Wer dat wor?
Hier:

dat woren zwei Bröder
dä een schwazze Hoor
dä andere wieße Hoor
die sin domols irjendswie
quasi övver die Muur
noh Sachsen
für um die Heiden do hinge
en dr normale Jlauben ereinzutaufen
Quasi esu en Art Wiederverinijung em Jlauben
wat jo dann später dä Luther
alles mem A . . . ömjeschmisse hät
Jedenfalls:
die zwei Ewaldi erein noh Sachsen.
Jetz wor dä Sachse ewwer domols
janz fies drop:
dä wollt dat net.
Ich meine:
wenn die Sachse domols jewußt hätte
wat all em Lauf der Jeschichte
op sie zokütt –
ich jläuwen:
esu vill Wasser für ze däufe
hätten die niemols jefunge
ewwer: willse mache.
Also dä Sachse wollt sich dat net
jefalle losse
flück paar Keulen jeschnitz
un wat wor:
paff! denne Ewaldi-Bröder
övver dä Kopp jehaue –
woren die feedich.
Un wat dann üvverich wor
vun denne zwei Bröder
es dann noh Kölle jekumme

KD Köln-Düsseldorfer

nohm St. Kunibert.
UN DO SOLLEN MIR DÄ 3. OKTOBER
ENS FIERE ALS WIES WENNS NIX JEWÄS WÖR?!
Ich weiß et net!
Jetz es et ewwer andererseits esu
dat dä Bayer immer noch
zwei, drei Fierdaach mieh hät
als wies mir.

(dat woren paar Zeile frei
für Luff für ze holle!).
Ich meine:
dat kann man sich net jefalle losse!
Un wenn schon ene Mord
ich bitte Sie: EIN MORD!!
an denne zwei Ewaldi-Bröder jot es
für ene National-Fierdaach
do könnt ich
och met jet opwaade
Hier:
10. Oktober:
St. Gereon
bezahlt die Erfindung des Bierdeckels
mit singem Lewwe
21. Oktober
St. Ursula jründet die wieße Flotte
naves ubiorum – neandertalenses
dä Köln-Düsseldorfer
dat rein feministische Ungernehmen
immerhin:
11000 Jungfrauen als Mitarbeiterinnen
scheitert ewwer an der männlichen Konkurrenz:
dem Müllemer Böötchen.

14. Oktober:
Et Ajrippina jeiht vun Kölle noh Rom
un führt do dä Rusemondaachszoch ein
met Pechfackeln un allem pipapo
un dä Nero
demm Ajrippina ihr Jung
es Karnevalsprinz
7. Dezember
40 Millionen Johr Kölner Bucht
eijenhändig usjebaggert vum Antwerpes
domols Präsident vum Karnevalsverein:
„De jecke Neandertaler"
Un dat wören
wie jesacht
us dä la Mäng
vier Daach
wo man fiere künnt.
Ich meine:
Fierdaach es Fierdaach
un wenn do von do bovve
dä Rejierung ze winnich für jedon weed
muß man sich ebends sellver helfe
Pross!

DIE RHEINISCHE LÖSUNG

Kennen Sie die rheinische Lösung? Nein, das hat nichts mit Chemie zu tun: es ist eine Art zu leben. Die rheinische Lösung ist ein ‚gentlemen agreement', bei dem ‚gentlemen' nur der ist, der dem ‚agreement' zustimmt. Wer ihm nicht zustimmt, hat sich im selben Moment aus der rheinischen Familie ausgeschlossen. Dafür möchte ich zwei Beispiele anführen.

1. Im Gerichtssaal

Hauptverhandlung vor dem Landgericht Bonn. Der jugendliche Angeklagte *is eene echte bönnsche Jung, der at widder jekläut hätt, hä kann et net sin losse.* Vor der Verhandlung halten der Richter, der Staatsanwalt und der Verteidiger im Flur ein Schwätzchen. Über das Wetter im allgemeinen und den Knöllchen-Hagel auf den Straßen im Besonderen. Der Verteidiger sucht, die Gunst der Stunde zu nutzen und bringt das Gespräch *op dä ärme Deuwel,* der Richter aber sagt nur: *„Do müsse mer ens sin . . .",* dreht sich um, betritt wieder den Gerichtssaal und eröffnet die Sitzung. Mit finsterem Gesicht verfolgt er nun die Beweisaufnahme, sein Blick ist immer wieder vernichtend auf den Angeklagten gerichtet. Es sieht gar nicht gut aus für den jungen Mann. Wie ein Häufchen Elend sitzt er auf seinem Arme-Sünder-Stühlchen. Da, nach den Plädoyers, steht der Richter plötzlich auf, geht mit den Worten: *„Tja, Jung, dat hässe jetz dovon"* auf den Angeklagten zu und verabreicht ihm zwei schallende Ohrfeigen. Dann sagt er: *„Und loß dich he NIE MIH sin, es dat klar!".* Der Junge soll – schwört der Anwalt, der mir die Geschichte erzählt hat – nie wieder straffällig geworden sein. Hätte der Verteidiger versucht, vor der Verhandlung mit dem Richter zu handeln, *dä Jung wör in die Blech jekumme.* Weil: rheinische Lösung heißt, daß man sich wortlos darauf verläßt, *dat dat schon klappe weed.* Und da kann schon ein Wort zuviel dieses filigrane Gespinst nichtverbaler Absprachen zusammenbrechen lassen.

2. In der Politik

In der Politik ist die rheinische Lösung der Beitrag des Rheinlandes zur Demokratie schlechthin. In der Steinzeit entwickelt (vermutlich in den uralten Höhlen in den Felswänden des Siebengebirges oberhalb von Bonn, die heute nur mehr sehr schwer zugänglich sind, weil der Rhein sich immer tiefer in die Erde eingegraben hat; es gibt in diesen Höhlen Hinweise auf Stammesversammlungen: Zeichnungen an den Felswänden, die zwei gekreuzte Kölschstangen zeigen und den Kopf eines sehr alten Mannes mit sibirischen Zügen sowie Inschriften, die man als *„dä bönnsche Danielus"*, *„dä Ampwerpes ussem Neandertal"* und *„dä aale Adenauer us Rhöndörrep"* interpretieren könnte), in der Steinzeit also bereits entwickelt, wurde die rheinische Lösung dann immer weiter differenziert, bis sie ihre Vollendung in der Neuzeit erreichte. Man könnte sie so beschreiben:
die Verantwortlichen der rheinischen Stämme (heute: Stadtrat und/oder Landtag) kommen zusammen, um die brennenden Fragen der Zeit einer Lösung zuzuführen. Nachdem die Fragen (aber nur sie) auf den Tisch gelegt wurden, erhebt der Anführer (OB, Stadtdirektor, Ministerpräsident, Landtagspräsident etc.) die Stimme und sagt: *„Also dann: jetz weed ierscht emol avjestimmp, un dann gucke mer weiter!". Und irjendswie klappet dann jo och meistens, und wenn net, kann man et immer noch an et klappen kräje.* So hat der Rheinländer alle Fremdherrschaften überlebt: die Römer, *dä Franzuus,* die Preußen und Hitler. Und wenn ich mir anschaue, was dabei herausgekommen ist, kann ich nur sagen: Hut ab, *et wor richtig esu. Jedenfalls alles in allem, ne.* Und hier kann ich nur schärfstens die neueste Entwicklung in der Bonn-Berlin-Frage

1 Liter
Salzsäure
techn. 31 %
AUG HEDINGER

begrüßen. *Et süht jo esu us, als wies wenn et sich jelohnt hät, dat die Regierung övver 40 Johr em Rheinland wor.* Weil selbst die Bonner Koalition sich jetzt der rheinischen Lösung nicht abgeneigt zeigt: *erstmal is avjestimmt worden, dann kommt alljemeines Kratzen des Kopfes, dann kommt: „Also, ich weiß et jo net . . ." und dann gucken mir emol.* Und so wie es aussieht, wird das neue Provisorium: Berlin ist Regierungssitz, aber vorläufig bleiben wir in Bonn, *och jut un jään 40 Jahre halten. Un, wenn sie mich frore: et es och besser esu!*

WIE MAN IHM EINE FREUDE MACHEN KANN

Alle Welt spricht davon, wie schwer es sei, jemandem heutzutage was zu schenken, geschweige denn, ihm eine Freude zu bereiten. Alle haben alles, heißt es, und das wird wohl so sein. Ich wüßte jedenfalls keinen anderen Grund für die verbissenen Gesichter im Weihnachtsrummel. Und allenthalben wird beklagt, daß die gute, alte Zeit, in der man noch mit einem kleinen Geschenk, ja, mit einer kleinen Geste die Gesichter der Menschen zum Leuchten gebracht habe, vorbei sei. Mag ja alles stimmen. Im Rheinland jedoch stehen die Dinge anders. Hier kann man noch mit Nichtigkeiten die Menschen erfreuen.

Ich steige morgens in die Straßenbahn ein. In Bonn. Die Bahn wackelt los, und da muß mich der Teufel geritten haben, denn ich sage laut vor mich hin: *„Also, ich weiß et net“.*

Der Satz ist noch nicht verhallt, da dreht sich einer neben mir um und sagt:

„Jenau. Do saren Sie jet. Wenn man dat all esu süht, ne, also ich weiß et och net.“

Eine Frau mischt sich ein: *„Wie: ich weiß et net?“*

„Jo Jott, junge Frau“, sagt der zweite, *„ich könnt et net anders sage. Wenn mich eener frore dät, ich könnt et net esu sage un net esu, ich könnt nur sage: ich weiß et net“.*

Ein vierter springt ein: *„Der Mann do hätt janz räch: man weiss et net, ne“.*

Die dritte wieder: *„Also dat es jo Quatsch, mit dem ich weiß et net, ich weiß et net. Normal jitt et dat jo jar net, sch-meine: jot, sicher, manchmol, ne. Ewwer doch net einfach esu, ne. Sch-meine: man kann jo net immer nur saren ich weiß et net“.*

Ein fünfter: *„Nee, lev Frau, net immer, ne, net immer, ewwer et jeben Dinge, ne, die sin net esu un die sin net esu, un do kann man jo normal nur saren ich weiß et net, weil man't ebends nicht weiß, ne, esu es dat nämlich“.*

Eine schrille Stimme kontrapunktiert: *„Jo jo jo, wenn man üch Mannslück frägt, ne, dat Einzigste, wat ihr könnt, es ich weiß et net! Un mir müsse dann gucken, wie mir domit parat kumme. Also ich saren immer: wat mit Üch Mannslück loss es: ich weiß et net"*.

Ein siebter: *„Sehen Se, junge Frau, jetzt sage Sie et jo sellevs"*.

„Wat saren ich sellevs?".

„Dat Sie't net wissen, weil dat ebends esu es, dat man nur saren kann: ich weiß et net".

Ein achter näselt sich in das Gespräch ein: *„Wat es dann eijentlich loss hie? Wodrüm drieht et sich dann?"*.

Der siebte: *„Ich weiß et net"*.

Die Nase: *„Ah so jo, sch-meine, klar, ne, kann man jo och net"*.

Die Frau: *„Wie: kann man net?"*.

Die Nase: *„Weil man't net kann"*.

Die Frau: *„Jo wat dann?"*.

Die Nase: *„Ich weiß et net"*.

Und innerhalb kürzester Zeit war die ganze Bahn heftigst *dodrüwwer zejange*. Und ich stellte mir vor: *et jeben Sätze, die sin wie e Virus. Ansteckend wie Steckschnuppe oder Laache.* Laß ihn im richtigen Moment raus und du kannst eine ganze Republik lahmlegen. Die Straßenbahn hielt am Bundeskanzleramt. Ich bitte Sie: wenn dieser Satz zu Helmut Kohl geflogen wäre – nicht auszudenken. Er stünde da, natürlich vor gerade laufenden Kameras, und sagte nur: „Also . . . meine Damen und Herren, und das kann ich hier, an diesem Ort, in aller Deutlichkeit sacken: ich weiß es nicht".

Andererseits: so ungewöhnlich wäre das nun auch wieder nicht. *Un övverhaupts: dä es jar keene Rheinländer, also bruch dä dat och net ze wisse. Jo wat dann? – Ich weiß et net!*

DER RHEINLÄNDER IM URLAUB

Der Rheinländer im Urlaub ist ein Kapitel für sich. Mag der Urlaub für viele Menschen eine Umstellung sein, für andere die Verlagerung der Heimat in heißere Gefilde, für dritte ein präseniles Heimatfluchtsyndrom, für manche eine Gelegenheit, vier Wochen einfach wegzublasen, so, daß man nichts mehr von ihnen weiß, Filmriß peng! aus!, so ist der Urlaub für den Rheinländer mehr: er ist eine Herausforderung. Vor allem für andere. Wir können groß gesehen mindestens drei rheinische Urlaubstypen unterscheiden.

Typ A: Alpen, Alm, Kuhgeläute, im Winter Jagertee, mit einem Wort: Ruhpollllding!

Ort der Handlung: ein Laden, Typ: „Auf der Heide blüht ein kleines Blümelein und das heißt zwo drei vier EEEdeka!".

Zwei Rheinländer im Adidas-Freizeit-Anzug *(„Jo wat dann sons? Et sin jo Ferien, wat soll ich mich do mim Jackett avplage?")* betreten den Älpler-Laden. Sie haben Hunger.

„Ein Pfund Schwarzbrot bitte".

„Jo, dös gibt's net".

„Wie: kein Schwarzbrot?".

„Jo mir hammer halt dös Roggenbrot, dös is aa dunkel".

„Jo jot, mag ja sein, ewwer dat es Graubrot und kei Schwazzbrot, junger Mann".

„Jo, nocha hättn mir halt no an Pumpernickel".

„Bah, ne, bin ich fies für, kann ich net, Uäh! Dat nimmp dä Weßfale als Schuheinlare! Dann doch dat Roggen. Un 200 Gramm frischen Holländer".

„Jo was is nocha dös?"

„Wie: ihr kennt keinen frischen Holländer?".

„Jo . . . naaa . . .".

„Jo esset dann . . .".

Und so weiter. Dieser Typ ist zwar unterwegs, möchte aber essen wie zu Hause. *Normal, ne.*

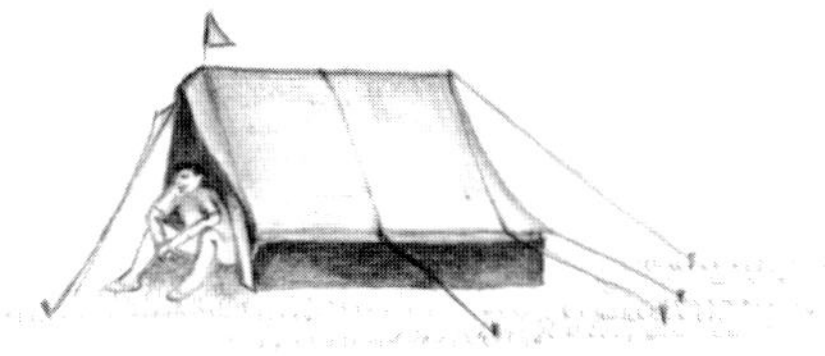

Typ B: er ist entschlossen, die Fremde kennenzulernen, allerdings nicht um jeden Preis. Ort der Handlung: Lago di Como. Campingplatz. Bella Italia. Sole. Pizza. Wat weiß ich wat noch all, ne. Ein Benz mit Anhänger schiebt sich auf den Campingplatz. Ein reichlich genährtes Paar aus Köln steigt aus, Mitte 50, Typ Metzger, so à la: *„Dat Fett lassen ich euwer draan, dat es jot für die Verdauung, junge Frau!“*. Er stellt ihr, als erste Amtshandlung, ein Campingstühlchen auf: *„Do, Liebelein, hässet schon mal DU schön, ne“* und macht sich am Anhänger zu schaffen. Marke: „Hier-ziehen-und-das-Zelt-baut-sich-ganz-von-selber-auf“. Aber: *et klapp net.* Er zieht woanders: *nüß.* Er liest die Gebrauchsanweisung. Er zieht *nochens: och nüß.* Langsam aber sicher verheddert er sich heillos in den Schnüren, die doch auf Zuruf quasi ein Zelt ergeben sollen. Immer tiefer dringt er in die Wirrnisse von Schnüren, Ventilen, Schlaufen, Maschen, Laschen und Nippeln ein. Sie beobachtet derweil mit stoischer Ruhe seinen Charlie-Chaplin-Auftritt. Nach weiteren zwei Stunden ist er einem Infarkt nahe: fünf Schnüre um den Hals, in der rechten Hand eine Reißleine, in der linken Hand Zündschlüssel, Gebrauchsanweisung, eine Dose Kölsch und zwei Heftpflaster und den Fuß auf einem zischenden Ventil: aber immer noch kein Zelt, das sich „ganz-von-alleine-aufbaut“. Ratlos schaut er sich in der Fremde um, da platzt ihr endlich der Kragen und sie sagt: *„Kumm Jupp, schmießens dä janze Driß in der Lago, mir jon nohm Hotel“*. Sprach's und verschwand.
Das hat Format.

Der dritte Typ ist der, der gnadenlos seine Heimat, *wat saren ich: sing Veedel mitnimmp.*

Ort der Handlung: Regen. Eine Kleinstadt im bayerischen Wald. Eine rheinische Mutter ist auf der Suche nach Textilfarben für die Kinder. Es hat die ganze Zeit geregnet und sie ist auf die Idee gekommen: *die Pänz können Tischörts bemole:*

dat koss net vill, mät Spaß un die Pänz sin us de Fööß. Im kleinen Kaufhaus in Regen fragt sie nun: „Haben Sie Textilfarben für *Tischörts für ze bemoole?*".

„Wos?".

„Textilfarben, für Tischörts. Für ze bemoole".

„Na, dös hammer net".

„Ja Sie vielleicht, aberöm: jitt et dann in Regen dat woanders?".

„Jo, dös glaab i net, gei".

Und dann kam der Clou: ein Leben lang hat sie in, sagen wir, Bonn, bei, sagen wir, Strömer und Emons, *einjekauft,* einem bekannten Bonner Geschäft für Farben und Papier, das es – ich bin versucht zu sagen: natürlich – nur in Bonn gibt. Und stellt nun dem Verkäufer in Regen, ca. 600 km von Bonn entfernt, die entrüstete Frage:

„Jo habt ihr dann in Regen keine Strömer und Emons?".

Wat soll man do noch sage?!

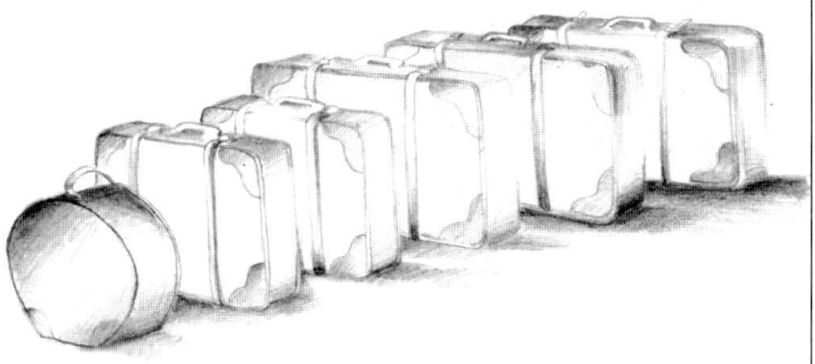

DER RHEINLÄNDER UND DIE NATUR

Also wenn man esu bedenk:
Blömcher, ne
also es jo irjendswie komisch
ich meine:
Sie müssen sich dat mal esu vorstellen:
Sie däten do jetzt der janze Daach
mit de Zihe in dr Ääd ston, ne
ovve die Ärm schön usjestreck
Finger leicht jespreiz, ne
keine Schritt noh vör
oder noh hinge, ne
seitwärts och net
und müssen jetz esu ston blieve
wat soll ich saren
jot paar Johr, ne
un em Frühjohr tuen sie dann
schön vor sich hin duften
sch-meine: kei Wunder!
Dät ich och dufte, ne
wenn man immer esu stonn bliev
und kei einzig Mol unger die Dusch oder wat
und dann müssen sie och noch
op et Bienche wade, ne,
weil dat dät dann kumme un
Ihnen en die Nas ereinflieje
und dät dann do – wie heißet –
Staub drin losse, ne
und dodovun däten mir dann die Kinder kräje
also irjendswie schon SEHR eijenartig alles
und wenn dat Bienche kütt:
Niesen dürfe Sie dann och net
janz im Jejenteil

freue, ne,
mit die Fingere wackele
un die Naslöcher janz wick op
ewwer esuuu wick, ne
also ich dät mir dä Steckschnuppe holle
können Sie mich für ansehen, ne
hehe
oder
wenn sie Pech han
kütt dann esu ene Zweibeiner:
in der Hand esu komisch Iese und
schnipp schnapp
dät dä Ihne do de Föößß avschnigge
ne
und do es kei Blumenschutzverband
der dat dann verbeede dät, ne
obwohl:
wissen Sie, wie wieh dat dät?
Wenn einem eine esu einfach die Been avschnigge dät?
Mag man bei sich jar nicht dran denken, ne
ich meine:
do sin früher Ärzte wejen jeringerer Verjehen jeköpft
woode
ewwer unsereins:
schnipp schnapp die Been av
und noch schlimmer:
do is man dann am blode wie Sau, ne
dann stelle die eine in e Jlas erein
und dat soll schön sin?
Also Sie müssen sich dat mal anders vorstellen:
ich dät in en Vas
esu en halv
blutend
Sau erein

und dät saren:
dat is ewwer schön, ne
und wie dat rüch! mhmmmm!
Und wenn eine en dr Rösigkeit es
bringk dä dann singem Leevje
zwölf Meerschweinchen
schön in Cellophan
nackelich Beencher
fein zesammejebunge, ne
und dozwesche
quasi als Asparagus und Immerjrün
paar Schildläus oder wat
also ich sage immer:
man muß sich emol richtig
in dat andere Lebewesen inföhle, ne
dann merkt man erst
wat dä Minsch für e Schwein es
obwohl
sch-meine: de Froch bliev jo:
sin mir jetzt bescheuert
oder die Pflanze
weil die sich esu e Levve usjesöök han
also:
man weiß et net jenau, ne
jedenfalls:
ich han noch kei Pflanz jesin
oder Boom oder wat
wat mir die Fööß avschnigge dät, ne
höchstens usschlage, jot,
dat passiert schon emol
dat esu ene Boom em Mai dann usschläg, ne
ewwer:
do kann man jo eine Schritt noh links
hät sich der Fall

also et es und bliev
irjendswie
komisch
mit denne Blömcher, ne

DIE RHEINISCHE RHETORIK

Der Rheinländer ist ein Meister der Rhetorik. Wenn er mal dran ist, zieht er wie ein Schlittschuhläufer seine Runden, da macht er eine elegante Kurve, dort dreht er eine Pirouette, hier kommt ein dreifacher Tulup und mit einer schwungvoll gelaufenen Acht kurvt er aus der Sackgasse, falls er in eine geraten sein sollte. Und immer wieder – was immer er auch macht – landet er sicher auf den Kufen. Er weiß:

Ein gutes Gespräch ist wie Liebe machen: erst der Wechsel der Positionen gibt die Würze, derer beide bedürfen. So gesehen müßte der Rheinländer DER Lover schlechthin sein. Keiner beherrscht so wie er das Wechselspiel zwischen Behauptung und Aufgabe eines Standpunktes, zwischen vehementer Ablehnung und heftigster Zustimmung. Und das alles oft genug in einem Atemzug. Ein solches Gespräch gehört zu den Genüssen, „deren selten ein Sterblicher habhaft werden kann" (Homer, *dat nur mal nebenbei*) – sofern er nicht im Rheinland lebt. Hier allerdings ist es ‚normal'.

A: „Also wat sich die Rejierung mit dem Berlin do jelapp hätt, dat paß jo op kei Kohhaut mieh."
B: „Jenau! Die hätten die Mauer am besten stonn jelosse, weil: dat kann jo kei Minsch mih bezahle, sch-meine: wat dat koss!!".
A: „Andererseits: es doch schön: EIN Deutschland, ne . . .".
B: „Jot, klar, ne, es schön, so jesehen un do hätt jo och jeder andere Kanzler müß anders maache künne, sch-meine: wor klar, in dem Moment wies die Mauer jefallen es, dat dat Geld koß, normal, ne, sch-meine: willse maache . . .".

Und schon hat er in zwei Atemzügen zwei gegenteilige Standpunkte eingenommen. Das ist Tempo! Das ist rasant! Da wird, sozusagen, die Frau zweimal umgebettet und weiter geht's im

Galopp, denn jetzt geht es in die berühmte *„Ja-Sicher!"*-Schleife. Sie wird eingesetzt zur Bestätigung des Gesagten und zur Einleitung des Gegenteils.

A: „Et Kättchen vum Kabänes – Karl, dat es jo vielleicht en Knaller!".
B: „Dat kann ich Dir saren: dat es dat schärfste Teil vum janze Veedel!".
A: „Ewwe dä Lippenstiff! Wie kann et nur esu ene Lippenstiff sich op et Muul klätsche?!".
B: „Ja sicher! Dä Lippenstiff! Ich sare jo: et Kättchen? Bäh! Schkann et net anluure ohne dat mir et Essen ussem Jesäch fällt.".

Zong! Und dennoch ist alles in Ordnung, weil: die Wahrheit, liebe Freunde, liegt immer zwischen den Standpunkten, jetzt mal so jesehen. Oder? Übung: Hören Sie sich mal heute zu, wenn Sie in der Kneipe am erzählen sind; für jeden gekonnten Standpunktwechsel (sprich: für jede neue Position) innerhalb eines Gesprächs gibt es ein Kölsch (auf den Deckel des Gesprächspartners). Sie werden staunen!

Sollte aber wider Erwarten *dat Jespräch* dennoch ins Stocken geraten, hat er eine Überraschung parat, die sich gewaschen hat.

Jeder kennt folgende Situation: da steht man mit ein paar Freunden in einer Kneipe, oder auf einem Empfang herum, die Stimmung ist locker und heiter. Lachen erfüllt die Luft. *All sin sie am verzälle: dä hät e Verzäll und dä do och.* Und man selbst hätte da auch eine Geschichte auf Lager. Nun möchte man aber nicht mit dieser Geschichte plump in die Gesprächsrunde einfallen, sondern man möchte ganz locker nach dem Motto *„apropos" anjefloge kumme.* Das heißt: man wartet auf ein Stichwort. *Nun kütt un kütt ewwer kei Stichwort. Un die sin do am schwaade un am schwaade un Du bes*

do am waade un am waade. Mit einem Wort: die Spannung in einem steigt ins Unerträgliche. Nehmen wir mal an, daß jetzt schon zehn Minuten bangen Wartens vorbei sind (Sie erinnern sich: nach zehn Minuten Schweigens kommt es beim Rheinländer zu dramatischen Veränderungen: Pupillenerweiterung, Schweißausbruch, Atemstillstand, Tod). Spätestens jetzt scheiden sich die deutschen Zungen. Der Schwabe z. B. ist froh, daß er sich „wieder ebbes spaare kann, und wenns nur a kloins Gschichtle isch", weil er ja alles spart, was nicht niet- und nagelfest ist. Der Bayer hat seinerseits diesen Spannungszustand gar nicht mitbekommen. Der Rheinländer aber, der gibt nicht auf. *Un wenn kei Stichwort kütt,* dann schafft er sich eines! Und fällt mitten in die Runde ein, indem er sagt: *„Wo Sie jrad sage Akupunktur! Ich hatt do dieser Daach . . ." un es am verzälle.* Und ich schwöre Ihnen: kein Schwein hatte von Akupunktur gesprochen!

Und schwupp! liegt die Dame wieder richtig, und die Liebe beziehungsweise das Gespräch kann *wiggerjon!*

DER RHEINLÄNDER IM THEATER

Ich saß im Theater. Auf dem Spielplan stand ein Spionagestück von John Le Carré. In Maßen spannend, aber immerhin. Vor mir saß ein leicht rheinisches Ehepaar mit der klassischen Rollenaufteilung: er mußte ihr ständig mitteilen, was er sah, was ihn in die undankbare Rolle des ‚Kompetenten' driften ließ, der alle Fragen beantworten muß, was nur zum Triumph für die Fragende führen kann, aber das kennen wir ja.

Sie: *Jo, es dat jetz ene Spion oder net?*
Er: *Weiß ich doch net, dä hät nüß davon jesagt.*
Sie: *Siehste, dann muß' dat doch ene Spion sin, weil: die sage dat jo nie.*
Er: *Wat sage die nie?*
Sie: *Dat sie ene Spion sin.*
Er: *Dat können die och net sage.*
Sie: *Warum dann net?*
Er: *Weil dann jeder denke dät: dat es ene Spion. Un wenn dat jeder denk, können die nit mieh spioneere, weil dann jo jeder wüßt, dat dat ene Spion es. Do dät den ja keine mieh spioneere loße oder esu.*
Sie: *Außerdem: der süht jar net us wie ene Spion.*
Er: *Du jecken Trin, kann jo och jar net, dat es jo ene Schauspieler.*
Sie: *Jo ebends: dä mööt noch vill mieh wie ene Spion ussin.*
Er: *Also dat es jo jetzt völliger Quatsch: hückzetare süht doch keine Spion mieh us wie ene Spion. Luurens, dä Wolf, ne, dä süht jo och net us wie ene Spion, und dä wor jo ene Erzspion, wor dä, ne.*
Sie: *Dä Wolf kann jar net wie ene Spion ussin, weil der selber jo jar net spioneet hät. Dä wor nur dä Chef von denne Spione im Osten domols, ne, dä wor quasi als Spion jar net berufstätig.*

Er: *Dat es jo, wat ich die janze Zick sage: hückzetare süht keine Spion mieh us wie ene Spion. Dä Wolf och net. Un dä Schauspieler op dä Bühn do unge ebends och net, is jo klar.*

Sie: *Jo, bei demm es dat klar, weil dä noch nie werklich spioneet hätt, der es jo Schauspieler. Ewwer: wenn dä jetz als Schauspieler ene richtije Spion am spille is, dann mööt dä noch vill mieh ussin wie ene richtije Spion et dät, domet man demm jläuwe kann, dat dat, wat hä am spille es, ene richtije Spion es.*

Er: *Jo, . . . äh . . .*

Sie: *Oder es dat jetz doch keine richtije Spion?*

Er: *Wer dann? Dä Schauspieler?*

Sie: *Nee, dä Mann, dä dä Schauspieler do unge am spille is.*

Er: *Du mäs mich noch janz raderdoll mit dingem Spion hin, Spion her. Jetz es dat Stück am Engk und ich han noch jar net mitjekräje, ob dat jetz ene Spion wor oder net.*

Sie: *Wer?*

Er: *Dä Mann, dä dä Schauspieler am spille wor!*

Sie: *Weil du och keine Spion bes.*

Er: *Wat soll dat dann heißen?*

Sie: *Jo weil wenn du jetzt ene Spion sin däts, jesetzt der Fall, dann dätste wissen, wie dat Stück usjeiht und ob dat jetzt ene Spion is oder net.*

Er: ngh*nnnhnnn*

WARUM? DODRUM!

Daß der Rheinländer gerne spricht, wer wüßte es besser als er selber. Nur: haben Sie mal genauer hingehört, mit welchen Tricks er arbeitet, damit er immer weiter sprechen kann? Ohne daß ihn jemand unterbricht? Das beliebteste Mittel, den eigenen Redefluß zu speisen, ist die rhetorische Frage. Das ist eine Frage, die eigentlich der andere stellen sollte, weil man aber nicht genau weiß, ob er überhaupt eine Frage stellen würde, stellt man sie selbst, was einem die Möglichkeit gibt, sie auch gleich selbst zu beantworten.

Beispiel: Drei Damen standen vor der Metzgerei und unterhielten sich. Das heißt: eine erzählte, die anderen mußten zuhören. Das Thema war eine Schlägerei in ihrer Stammkneipe:

„Ich meine: *amfürsich es mir dat ejal, ob sich die zwei kloppe oder net. WARUM? Weil ich do nix met am Hot han. Ewwer wat die zwei sich do jelapp han, wor mir zevill. WARUM? Weil dä een ming Kölsch usjeschütt hätt. WARUM? Weil ihn dä een esu jedäut hätt. WARUM? Weil en dr Weetschaff ze winnig Platz es. WARUM? Weil dat Inge ze kniestig es, och nur eene Tisch winnije hinzestelle, dat do jet mih Platz wör. WARUM? Wejen der Schulden, die et am Balg hätt. WARUM? Weil dat net mit Jeld umjon kann, dat es et nämlich. Un warum kann dat dat net? Ich weiß et net!!*“.

Sicher ging das noch länger so, aber ich mußte weg. *Warum? Weil ich noh der Bank mußt. Warum? Weil ich ens luure wollt, ob noch jet om Konto es oder net. Warum? Wejen minger Frau ihrem Jebootsdaach. Un do will man jo jet schenke. Warum? Weil wenn net . . .!* Übung: für jede rhetorische Frage im Laufe eines Gesprächs ein Kölsch. Sie werden staunen, wie schnell Sie hinüber sein können. *Warum? Weil man do mit dem Suffe jar net nohkumme kann, dodrum!*

DIE RHEINISCHE DANKBARKEIT

Kennen Sie die rheinische Dankbarkeit? Nein? Richtig! Nichts fällt dem Rheinländer schwerer als Dankbarkeit zu zeigen. Nicht daß er nicht dankbar wäre. Nur mit dem Zeigen hat er seine Probleme. Und das nicht etwa deshalb, weil er ein ungehobelter Klotz wäre, sondern deshalb, weil er es grundsätzlich für selbstverständlich hält, daß man ihm zur Hand geht, ihm hilft oder ihm einen Gefallen tut. Er hat eine Unmenge von Floskeln zur Hand, wenn es darum geht, jemanden um etwas zu bitten, von *„Don dat"* über *„Sid esu jot un doot dat"* bis hin zum konditionalen *„Wenn Ühr esu jot wört, mir jet ze Jefalle ze don"*. Nur wenn es dann geklappt hat, fällt ihm nichts mehr ein. Er wird dann zwar leicht großspurig, da fließt der Champagner in Strömen, oder es kommt eine Runde Kölsch nach der anderen, aber ein einfaches „Danke schön" kommt ihm nicht über die Lippen.

Besuchen Sie einen Rheinländer und bringen Sie ihm z. B. ein wunderschönes Stückchen Kuchen mit, er wird wahrscheinlich sagen: *„Och Kuchen! Hammer erst jestern jehatt."*. Aus. Oder eine Flasche Champagner. Er sagt: *„Han ich zwei Flaschen von im Köhlschrank ston"*. Oder einen Strauß wunderschöner Pfingstrosen. Er sagt: *„Hammer em Jaade och. Schön"*. Ist der Schenkende auch Rheinländer, kennt er das, ist keineswegs beleidigt über die beiläufige Behandlung seines Mitbringsels und wird es von vornherein entsprechend beiläufig präsentieren: er stellt die Blumen *dreck in der Spül*. Aber ein bißchen nagt es dann doch, wenn einer so gar kein Dankeschön über die Lippen bringt. Und nach dem Besuch wird er seiner Frau sagen, wenn die wissen will, wie denn die Blumen angekommen seien: *„Dä hätt noch netens ‚Leck mich am Aasch' jesat"*.

WIE GESAGT!

Morgens. Elf Uhr. Ich sitze grad am Schreibtisch, da klingelt das Telefon:

„Tach Herr Beikircher, Schmitz hier, ich wollte nur mal angerufen haben, weil mir em Verein wie jesacht nächst Woch et Vereinsfest . . .“. Fällt Ihnen was auf? Nee? Also nochmal:

„Tach Herr Beikircher, Schmitz hier, ich wollte nur mal angerufen haben, weil mir em Verein wie jesacht nächst Woch et Vereinsfest . . .“.

Peng! Da war es wieder, das *„wie jesacht“*. Eine der *„meistest-jebrauchtesten“* Floskeln im Rheinland. Er hat noch nichts gesagt, aber er sagt schon mal *„wie jesacht“*, damit er das, was er gleich sagen wird, als bekannt voraussetzen kann. *Dat es, wie jesacht, für dä Eindruck ze erwecke, als wies wenns er schon die janze Zick am verzälle jewäst wör.*

Wartezimmer. Alle schweigen. Plötzlich sagt einer: *„Dat es vielleicht en Warterei. Letzt Woch och, ne, do wor jo, wie jesacht, ming Frau be, nur für Blut, ne, weil, wie jesacht, zick dem Unfall müssen die do jetzt immer nohm Blut gucken . . .“.*

Ein anderer:

„Minge Broder och, dä es jo, wie jesacht, Kranführer . . .“.

Wie jesacht, dat es e Dingen met dem ‚wie jesacht‘. Un wenn man net oppaß, es man schon dabei, met dem Kopp ze nicke, als wies wenns man schon jenau wüßt, wat dä do jetzt am verzälle sin weed. Un schon hät dich dä Rheinländer am Krage: weil et sich, wie jesacht, dodrum drieht, dat dä Rheinländer en enem ständijen Redefluß lev. Un do weiß hä nit mieh esu jenau, wat hä schon jesacht hät un wat net. Un domit hä do immer op Nummer Sicher es, sät hä flügg dat „wie jesacht“ dabei. Un weil keene Rheinländer dem anderen en de Parad fährt, jitt et do nur eins: bei „wie jesacht“ nicke, als wies wenns . . . un dä Fall hät sich. Nur dä Weßfale, natürlich, dä schüt-

telt mem Kopp! Ewwer dat es jo dann mieh ene Fall vun jeisti-jer Schüttellähmung, quasi!

DER RHEINLÄNDER UND DIE SCHULE

(In memoriam RODA RODA)

Also
wenn man esu bedenk
ich wor jo schon immer dojäje:
Mädchen un Jungs
en dr Schull all op einer Bank
sch-meine:
em Kejelverein simmer och nur Männer, ne
un es och jot esu, weil:
dat jitt nur e einzijes Durcheineer
außerdem:
die Weiber treffen suwiesu nur die Bande, ne
jetzt mal so jesehen
also:
wat soll dä Quatsch
oder hier:
Kirche, ne
MULIER PLACEAT IN ECCLESIA
heißet
und et es jo net umsonst
die Kirche weiß ebends zick tausend Johr:
mit singem Herrjott parat kumme
es Männersach
oder esu
Dat fängk jo en der Schull schon an:
Mädchen! ph!
dauernd sin sie am Heulen
Rotz und Wasser ne
oder sie zwicken eine von hinge
hatt ich als Panz immer schon esu ene Hals
für Fußball ze spille
kunnt man sie och net bruche

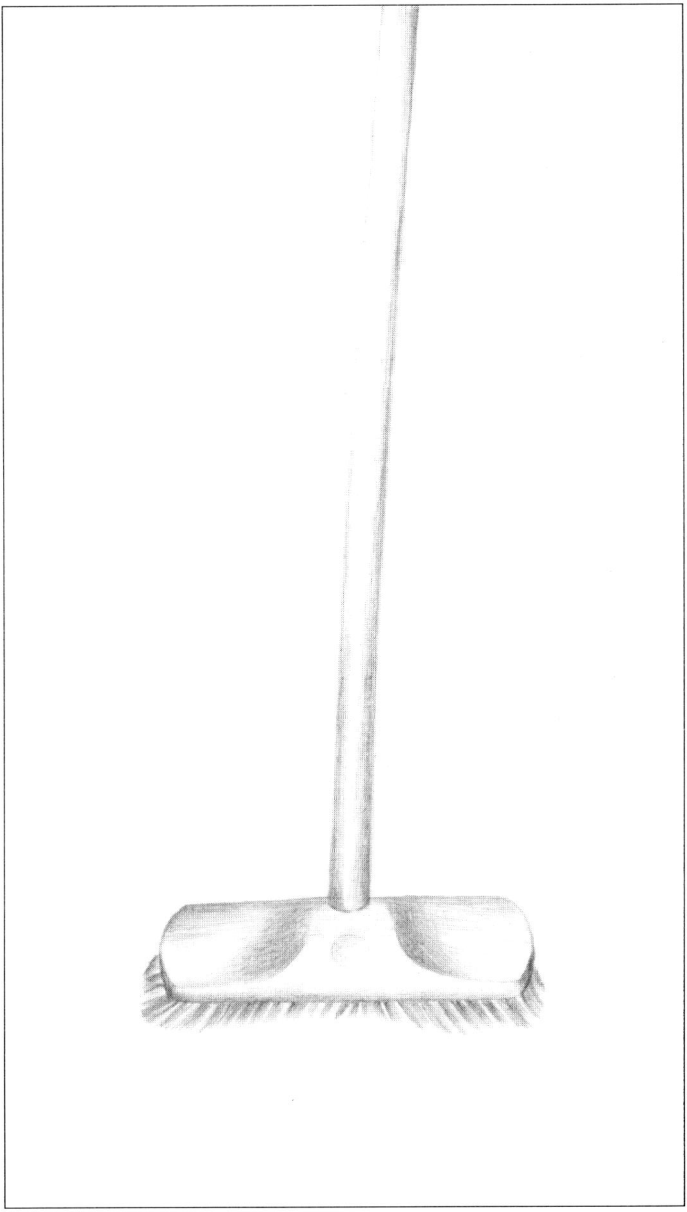

avschrieve han sie eine nie jelosse
nur im Verpetze
do wore sie jot drin.
Und beim Lernen für das Leben
wat man jo amfürsich
in der Schull hät
stören sie auch
weil sie noch ze klein sin
OBWOHL:
dat mit dem Lernen für das Leben
also ich weiß et net:
wat ich all für et Levve
Nit jeliert han
dat paß op kei Kohhaut
hier:
Schmalkaldischer Bund zum Beispiel
weiß ich alles dröwwer
frog ewwer keener noh,
oder ömjekiehrt:
dä Bundeskanzler, ne
sagt ja auch immer:
Ich hatte eine Eins in Hölderlin!
also möcht ich mal sage:
merkt man nix von, ne
oder ebends hier:
die größte Leistung des menschlichen Geistes
überhaupts
wissen Sie, wat dat wor?
Weiß keiner, ne, aber ich!
Hier:
Schlacht bei Marathon!
dä Jrieche jäje die Kommuniste von domols,
quasi,
also die Perser, ne

dä Saddam Hussein der Antike quasi
do hät dä Jrieche jäje jewonne
in Marathon, ne
un do is jetzt eine
die janzen 42 Kilometer
von dem Marathon noh Athen jeloofe
ze Fooß quasi, ne
un do hatte der dä Auftrag
in Athen dann denne do ze sage:
mir han jewonne!
Jetz es ewwer altjriechisch sauschwer, ne.
hier:
wir haben jewonnen,
do sin mir in der Schul wochenlang dröwwer jesesse
mit övversetze
bis man dat endlich erusjekräje hät
wochenlang, ne
und der Läufer, ne
obwohl Jrieche
und man weiß ja,
wie schwer sich der Jrieche mit Deutsch dät
kohm in Athen an
rude Kopp und kei Luff wie ene Weßfale
und: dä!
dä wußt et:
NENIKEKAMEN
einfach esu
Nenikekamen
also wie ich dat jehört han
wor ich platt
nenikekamen
ussem Stand
also ussem Loofe quasi, ne
wat für e Leistung!

nur:
un jetzt kütt et:
bruch man dat hückzetare für et Levve?
Wenn ich dat einem sage:
nenikekamen, do denk dä
ich sprechen vum König vun Finnland
un wenn man dat all esu süht:
dät ich mal sage:
in der Schule lernt man
für das Leben – jot
EWWER:
wo kann ich dann esu levve
wie ich et en dr Schull jeliert han?!

DIE RHEINISCHE PÜNKTLICHKEIT

Kennen Sie die rheinische Pünktlichkeit? Nein? Jenau!! Weil er der Herrscher über Raum und Zeit *un dä janze Driß* ist, braucht er auch nicht Sklave dieser ach! so deutschen Eigenschaft zu sein. Tatsächlich kann man den Rheinländer mit kaum etwas mehr ärgern, als mit Pünktlichkeit. Sagen wir mal: *em Prifat-Lewwe.*

Am Tage nach dem Besuch eines Bekannten aus Hamburg. Völlig außer sich erzählt sie:

„Also stellens vür, jestern owend do hatten mir jo Besoch, also jetzt von mingem Mann aus, ne, dem sing Schwager singe Broder. Ich natürlich injekoof un all, ne, wollt jo fein wat ze essen maache, sch-meine: net vill, mehr esu normal, ne, net dat dä dann der janzen buckelijen Verwandtschaff weiß ich wat am verzälle es, ne, klar. Un ich sin do jrad en dr Köch am hanteere, do klingelt dat. Um halver aach! Ich noh der Tür jeloofe un wer stund do? Minge Besuch! Um halver aach! Ich meine: ich wor jo net umjetrocke, net parat jemaat, nüß, ne, do klingelt dä! Also ich kann Ihnen sagen, ich hätt der esu die Trepp eravdäue künne! Dat es jo kei Benimm es dat jo! Um halver aach!“.

Schüchtern wurde die Frage eingeworfen:

„Jo wann hätt hä dann jesaat, dat hä köhm?“.

„Jo dat es et jo: um halver aach! Ewwer ich saren immer: die Aalfresser vun do bovve: also ich weiß et net!“.

Und da ist der Rheinländer dem Österreicher verwandt, der auf die Frage: „Wann kommt denn der Intercity aus Wien?“ mit Vorliebe antwortet: „Noja, so um drei kummt er gern!“.

Keiner, der diese kleinen Regeln nicht beherrscht, wird jemals mit dem Rheinländer warm werden können. Einer der vielen Gründe, die dem Rheinländer den Preußen auf ewige Zeiten verleidet haben. Zu Recht!

E KRÄTZCHE VUN WEIHNACHTE!

Weihnachten! Heiliger Abend! *Un dat all. Herrlich, ne!* Aber: *wat es met denne, die dat Pech han, usjerechnet op dä 24. Jebootsdaach fiere ze müsse? Allzu oft jeiht dat in dem janzen In- un Uspackrausch unger.* Ich kannte einen, der dieses Dilemma rheinisch-verschmitzt gelöst hat. Er war Hornist in einem großen klassischen Orchester im Rheinland. Ein Mensch, der wegen seines Witzes und seiner Warmherzigkeit bei den Kolleginnen und Kollegen sehr beliebt war. Er lud Jahr für Jahr seine Freunde am Heiligen Abend gegen Mittag zu einem ‚kleinen Geburtstagsumtrunk' ein. Und weil er so beliebt war, wollte ihm keiner einen Korb geben. Nun tischte er ein Buffet auf, daß sich der Tisch bog, reichte erlesene Getränke und schon mal ein Kölsch dazwischen, sprühte vor Humor und Anekdoten und zauberte eine Atmosphäre, daß jeder darüber die Zeit vergaß. Gegen sechs Uhr klingelte das Telephon: die ersten besorgten Ehefrauen klagten ihre Männer ein. *„Kumm, noch e Kölsch für dä Weg", „op eenem Been kann mer net ston", „esu jung kumme mer nit mieh zesamme" und „noch eene für dä Baum für ze lösche" un esu wigger.* Ergebnis: Jahr für Jahr verließen die Freunde hochbeschwingt seine Geburtstagsfeier um auf leichten Flügeln zu Hause zur Bescherung einzusegeln. Und man *kunnt ihm noch netens die Krätz an der Hals wünsche, weil: et wor jo singe Jebootsdaach!* So hatte er alles erreicht, was er wollte: er hatte einen schönen Geburtstag. Weil: *dat keine esu richtig stief wor, dodrup hätt hä immer e Äujelche jehat. Er wollt jo, dat die all et nächst Johr wieder dabei sin.* Zudem: er hat dadurch sicher so mancher Familie den leider üblichen Heilig-Abend-Streit erspart. Und im Zweifelsfall war ER ja das schwarze Schaf. Selbst diese Rolle hat er freiwillig übernommen. So waren's alle zufrieden. Und jetzt *emol iehrlich: Et wor net die schlächteste Idee, ne?!*

DER RHEINLÄNDER IN GEWISSENSNOT

Manchmal gerät der Rheinländer in Gewissensnöte, die er nicht selbst verschuldet hat. Wenn er zum Beispiel schon mal ein Buch kaufen möchte, *jeht er ebends in der nächste Laden erein, un der Fall hätt sich*. Jetzt hat aber Kardinal Meisner eine dringende Empfehlung ausgesprochen, in bestimmten Buchläden nicht einzukaufen, weil dort auch Abtrünniges angeboten werde. Und schon *es dä jote Katholik in Nut*. Also schreibt er *singem Kardinal:*

Leven Herr Kardinal Meisner,

heute möchte ich mich vertrauensvoll – sch-sin jo Katholik – mit ener Froch an Üch wende, wo ich nit mehr wiggerkummen. Ich weiß noch dunkel, dat vor jeraumer Zeit en Empfehlung kohm wejen bestimmter Bücherläden, dat heißt eijentlich wejen einem, ne. Also von Üch aus, ne. Jetzt käufen ich ewwer kei Buch und do weiß ich jetzt net, wie dat es: folgender Fall is bei mir jejeben: Ming Frau, et Kathrinchen, ich weiß jetz im Moment nit jenau, ob Ihr et kennt oder net, obwohl et jo immer bei Üch lööf, ewwer dat jehört jetz net hehin, hätt et an der Galle. Un kritt jetzt immer Zwieback, also vom Aaz aus. Jetz han ich dä Zwieback immer beim Eienich an dr Eck jeholt. Dieser Tare aber mußte ich jewahr werden, dat et Eienichs us dä Kirch usjetrodde es. Es dann jetz dat Eienichs jetzt nur e verloren Schof oder muß ich dä Zwieback in der Müll däue? Et kütt ewwer noch schlimmer, weil: dem Eienichs singe Schwager hät die Apothek in der DingensStroß, dä es ewwer – dat weiß ich jenau – op et Jeld wie der Deuvel op en ärm Siel und verklopp net nur jote Medizin sondern och schläche, nämlich die Pill. Un die es jo och unger strengstem Verbot. Also von Üch us, quasi. Jetzt weiß ich net, leven Herr Kardinal: wo soll ich dann der Zwieback und die Tabelette holle, wenn net do, wo

ich sie kriejen? Ewwer do, wo ich sie kriejen, darf ich jo net, wejen Glauben, ne. Oder es dat jetzt wieder all wie früher? Wenn man also wieder in der Buchladen jehen darf, dann darf ich och at noh der Eienichs und demm singe Schwager. Es dat ewwer net esu, dann weiß ich net. Ich kann jo och net wejen jedem Driß noh Maria Laach, wo ich och jar net weiß, ob die do üvverhaupts en Apothek han. In diesem Sinne und in arger Pein un Jewissensnut waden ich op Antwort und blieven buhachtungsvoll Ühr

P. S. ich hoffen, dat Sie, leven Herr Kardinal, ming Sproch verstonn. Sollte dat ewwer net der Fall sin, gönn Sie sich die baar Zeiln ja überseddsn lassn von eem, der Ihrer Sproche mächtsch is. Leider gibts davon hier in Göln ja genug.

P. P. S. Un noch en Froch: es dann eijentlich die Beichte jültig, wenn ich noh Üch kummen, och wenn Sie vun demm, wat ich Üch do all am bichte sin, kei Wort verston? Ich mein: ich froge nur, ne!

DER RHEINLÄNDER UND DIE TABLETTEN

also
ich muß immer wieder sagen:
wat die Ärzte und überhaupts
die Akademiker, ne
also eigentlich die
die es besser wissen müßten
wat die sich immer wieder dranjeben
um irgendseene Quatsch ze verzappe
dat paß eijentlich op kei Kohhaut mieh
jetzt mal so jesehen, ne
Hier:
Medekamenten dingens, also
Tabelettenjewohnheit und esu
un dat dat schädlich wör
also
da muß man ja saren:
die Menschheit hat Fortschritte jemacht
aber wie der Fortschritt auch läuft
et jeben immer wieder esu paar Besserwisser
die dann sagen:
nein, halt, stop!
Dat es alles jar net esu jot.
Ich meine:
ich frare sie mal:
wofür haben mir dann die Tabletten erfunden
wenn dat jetzt alles falsch sein soll.
Wenn ich nur mal dran denke:
damals, ne
so vor 50000 Jahren, ne
do sin mir ja auf den Bäumen jesessen,
war ja auch schön, ne
die Banane es einem direkt in der Mund jewachsen

Nicht alle Weisheit steht in Büchern...

und dat all
aber irjendswann es man do runterjeklettert
und es hat sicher auch schon damals
irjendsoeinen Blödmann jejeben,
der dann jesagt hat:
nee, dat wär kein Fortschritt und dingens, ne
wat ene Quatsch, ne
irjendswann wären mir do jo erungerjefalle
wie Fallobst, ne
wat meinen sie
wie dat wiehjedon hät
und domols jow et noch netens Aspirin, ne
und der Mensch hat ja dann
über Feuer und Rad ebends auch
im Laufe der Zeit die kleinen Tabeletten erfunden
damit es nicht mehr wehtut
also der Fortschritt und dat all, ne
Und inzwischen ist der Mensch ebends so weit
dat et für alles eben Tabeletten und Spritzen
und esu gibt
ich meine: dat es doch schön!
Man ist ja heute inzwischen esu weit
dat man ohne die Tabeletten
wie soll ich saren
nix mehr quasi, ne
wie soll ich saren:
früher, ne
da is der Mensch einfach ömjefalle
duut, aus und fertig, ne
heute kriegt er paar Tabeletten
und ab jeiht die Poss, ne
dat is quasi wie Benzin, ne
weil:
wie damals der Schöpfer der Mensch

jetzt quasi erfunden hat, ne
da gabs ja noch nix –
und dann hat sich der Mensch
jetzt Schritt für Schritt quasi
weiterentwickelt, ne,
wurde immer komplizierter
vom Zossen in et Auto
vom Einbaum in die Rakete nohm Mond, ne
hat dann Bomben erfunden,
damit dat schneller geht als mit einem Speer
außerdem kann man ja dann
ebends mehrere auf einmal . . ., ne
is jo auch Fortschritt, ne
weg von dem wie soll ich sagen
vorsintflutlichen Mann-Gegen-Mann-Konzept
ich meine: für all dat Neue war der Mensch
ursprünglich gar nicht für gebaut, ne
ewwer domet er jetzt all dat Neue verträgt
hat der Mensch dann die Tabletten erfunden.
dann jeht dat wieder, ne
Und in dem Moment is ja dann auch klar
dat der Mensch diese Tabeletten braucht, ne
also quasi täglich
weil, wer weiß:
er tät sonst vielleicht tot umfallen
oder vom Baum wie Fallobst, ne
quasi, ne
also hier z. B.
um nur ein paar zu nennen, ne:
Diabolika für höher springen und schneller laufen
Antiandrogene für der neue Softie und
Aphrodisiaka damit er wieder kann
Energie-Pillen damit er fliegt
Beta-Blocker damit er aber nicht abhebt

Schlofmittel damit er die lange Flugzeit überschläft
SchmerzMittel damit die Landung nicht wehtut
BeruhigungsPillen damit er dem Piloten vertraut
SchilddrüsenBremser damit ihm net die Augen aus dem Kopf fallen
Westfale muß man geboren sein –
kann man nicht werden, ne! –
Halluzinogene, damit er, falls er nicht fliegt,
zumindest denkt, er tät fliegen
AntiDepressiva, damit er nicht traurig ist, wenn er merkt, daß er nur jedacht hat, er tät fliegen, in Wirklichkeit aber gar nicht geflogen ist
Anästhetika, also NarkosePillen damit er nicht merkt, daß er im Sarg liegt
und vielleicht Ästhetika, damit er sich den Sarg schöner sieht –
UND DA KOMMEN DIE ÄRZTE DAHER UND SAGEN
DAT WÖR ALL SCHLECHT?
Ich bitte Sie
dat kann man doch net machen:
dem Kind erst der Schnuller jeben
und dann sagen:
du darfst aber nur jeden zweiten Mittwoch
im Jahr einmal daran lutschen
Der Fehler nämlich
der die AntiPillenPrediger machen
is der:
Sie tuen denken,
dat man Tabeletten nur nehmen darf
wenn man krank es
für wieder gesund, ne
NEE!
DAT IS VÖLLIG FALSCH!
Tabeletten braucht der Mensch

um überhaupts leben zu können
dat is et nämlich.
Der Arzt tut heutzutare
quasi Leben verschreiben
wenn er verschreibt, ne
außerdem:
der Streß in der Praxis
hält der Arzt ja auch nur aus
weil er zwischendurch
mal an der Schrank gehen kann, ne
entweder die kleinen roten Pillen
oder ebends dat klassische Aufbaumittel von Dujarding
oder Remy Martäng
ich sare immer:
wer die Welt einteilt
in Heiler und Patienten
muß sich nicht wundern
wenn er nur noch Kranke sieht, ne
Also dann:
WO SIN MING TABELETTE?!!!

Zementens

DER COMPUTER

Ich han ene Computer. Normal, ne. Un do sitzen ich dran un sin am schrieve. Un do es et av un an esu, dat dä Computer mät wat hä will. Un do kriejen ich zevill. Un do froren ich dä Computer:

„Wat häs du dann? Wodrum klapp dat dann net?“.

Un do sät dä Computer:

„Power error. Replace any key for shut up!“.

Un dat verstonn ich net. Un do hätt ich jetzt en jroß Bitt an all die Soff-Wäär Hersteller em Rheinland: Wie wör et dann mit enem kölschen Computer?! Ich dät die Firma „ZEMENTENS-Computer“ nenne, domet schon em vürhinein klar es, dat dä Computer och sing Zick bruch. Un wenn ich dä anstelle, es dat ierschte Bild: „Zementens, ich sin noch net parat!“.

Un dann:

„Also dann, frog mich jet“.

Un dann don ich ihm jet injewwe, un dann sät hä:

„Och frog mich net!“

Un wenn ich et nochens versöken, sät hä:

„Do muß ich ens nohluure!“.

Un wenn mir dat ze lang duurt, un ich all die Knöpp drücken, wat do sin, sät hä:

„Ich han keen Brill, do duurt dat länger, Herrjottnochens“.

Un wenn hä dann endlich parat es, sät hä:

„Also dann, do es dat Zeug. Un jetzt?“.

Un wenn ich noch jet han, kütt:

„Nee, nee, zementens, eins nohm andern, ne, ich kann och net mieh als wies arbigge!“.

Un wenn ich jet ze lösche han, sät hä:

„Prima! Fott domet! Han ich jet mieh Platz hie en dr Kiß!“.

Un wenn ich jet, wat jelöscht es, söke will (man weiß jo: dat es dä Albtraum övverhaupts, wenn man ene Computer hät: ene falsche Knopp jedröck un dat Zeug es jelöscht!), dann sät hä:

„Ich weiß net, wo dat es!“.
Un wenn hä wiggersöke soll, strahlt hä:
„Ich weiß, wo dat es: dat es fott!“.
Ich meine: wör doch jet, oder?!

TOD AM OSTERMONTAG

Manchmal schlägt das Leben wie ein Blitz drein. Ausflugslokal im Rheinland. Ostermontag. Das Restaurant ist proppenvoll mit Mittagsgästen. Plötzlich steht ein älterer Herr auf, schwankt leise, geht zur Tür und bricht zusammen. Ein Aufschrei geht durch den Saal. Eine Handvoll Menschen kümmert sich um den Herrn, die Wirtin rast ans Telefon. Notarzt. Ein paar bange Minuten verstreichen, der ältere Herr hat offensichtlich einen Infarkt erlitten, alle fühlen sich aufgefordert, irjendswie zu helfen, aber wer ist schon aus dem Stegreif Kardiologe. Nun ist dieses Lokal tagsüber nur zu Fuß zu erreichen – es liegt weitab vom Verkehrsfluß. Ein wunderschöner Waldweg zieht sich durch die Wälder des Siebengebirges, ungetrübt vom Lärm der Autos. Geht man diesen Weg zu besagtem Lokal, macht sich ein Gefühl in einem breit wie Uhland: „Droben stehet die Kapelle . . .“. Oder *esu. jedenfalls es et schön*. Natürlich macht sich deutlich Erleichterung breit, als das Tatü Tata zu vernehmen ist und ein paar weiße Kittel in den Saal fliegen. Die Kittel beugen sich über den Herrn, erstarren, erheben sich langsam, dann sagt einer:

„Zu spät“.

Die Wirtin:

„Jo un jetzt?“.

„Wie: und jetzt?“.

„Jo wat soll ich mit dem Mann do maache?“.

„Jo, lev Frau, dä es duut.“.

„Jo, dat sin ich och, ne, ewwer wat jetzt?“.

„Jo weiß ich och net, lev Frau, hellefe künne mir dem och at ni mieh.“.

„Dat weiß ich, ewwer nemmt der Mann doch mit, he kann jo keener mieh op der Klo jon, dä liegt jo do em Weg.“.

„Mer dürfe dä do ewwer net mitnemme“.

„Wie: mir dürfe dä do net mitnemme? Wat soll dat dann heiße?“.

„Jo mir sin en Ambulanz, ne, Duute dürfe mir net mitnemme.".
„Jo wofür seid ihr dann jekumme?".
„Jo mir daachte, dä es noch am Lewwe, ne, do wör dat jo in Ordnung jejange, ewwer esu . . .".
„Jo ewwer der wor jo noch am Lewwe für paar Minute".
„Ja sicher, ewwer jetzt ni mieh, ne".
„Jo ewwer dä es jo noch wärm, do könnt ihr dä jo noch mitnemme, wat soll dä Quatsch?".
„Wärm jo, ewwer duut, ne, un mir dürfe nur Lück mitnemme, die noch am Lewwe sin".
„Jo und wenn Üch jetzt einer em Wage avnippelt?".
„Jo dat es jet anders, do wor dä jo noch am Lewwe, wo mir dä injelaade han, dat jeiht".
„Ewwer dä he es jo quasi och noch am Lewwe, do künnt ihr jo . . .".
„Nee, lev Frau, nix können mir, dä es als duut, do lööf jaa nüß mih".
„Jo wat soll ich dann jetzt . . .".
„Lev Frau, dat es net ze ändere, dat es Jesetz: Krankenwaren nur für Lebende, Leichenwaren für Duute. Ihr müßt jetzt ene Bestattungsungernehmer holle, dä darf dat. Mir dürfe dat net.".
„Dat darf doch net wohr sin. Dat es jo nur der Weg von hie nohm Krankenhus, ihr fahrt der Weg jo suwiesu, do künnt ihr jo der Mann do mitnemme, wör quasi en Jefälligkeit, mein Jott, habt jo Platz jenug em Waren".
„Nix jeht, lev Frau, dä Mann es un bliev duut un do es dä Leichenwaren zuständig. Dat es Jesetz und feedich. Atschöö".
Vier Stunden lag der tote alte Herr noch in der Tür zur Toilette bis endlich zwei dezent gekleidete Herren kamen, die aus Krimis sattsam bekannte Bahre unterm Arm – übrigens: wußten Sie, daß man diese Bahren zusammenklappen kann? Was jedem Bestattungsunternehmer einen totsicheren Auftrittsgag

verschafft: man denkt an nichts Böses und Simsalabim! ist plötzlich eine Totentrage da! – vier Stunden also hat es gedauert, bis der arme alte Tote endlich von staatlich vereidigten, gesetzlich zuständigen, in der Erledigung sämtlicher Formalitäten erfahrenen Hohepriestern des Todes auf eine Bahre gehoben, in ein Auto geschoben und abtransportiert werden konnte. Was für ein Land muß das sein, das so streng zwischen Noch-Lebenden und Schon-Toten unterscheidet? Was für fähige Juristen muß dieses Land haben, die so feinsinnige Transportgesetze überlegen?

Was für ein hohes Ethos muß so ein Land haben, das in der Lage ist, selbst in der bedrängtesten Situation daran zu denken, daß möglichst viele Menschen an der zu leistenden Hilfe verdienen?

Wieviele Formulare muß wohl Freund Hein ausfüllen, bevor er einen Deutschen heimholen will?

Also, ich dät sage: ein einzijes „Wat soll dä Quatsch? Erein met dem Mann un keine hät jet jesin!“ wör billijer jewäst, oder?!

KRIEG IM NEANDERTAL

Wissen Sie, daß es immer noch einen heimlichen Krieg gibt zwischen Köln und Düsseldorf? Bonn mit dabei, klar! Dieser Tage mußt ich nachts von Köln noh Düsseldorf. *Nein, nicht wejen Spaß, wejen Arbeit. Wer will schon wejen Spaß noh Düsseldorf!* Ich stieg in ein Taxi.

„Die Adress kenn ich net", sagte der Taxifahrer, *„ewwer kei Problem: die Kollejen in Düsseldorf helfen mir sicher om Kanal 2 weiter, die tue ich dann anfunken".*

Wir also los. Kurz vor Neuß meldet sich mein Fahrer bei den Düsseldorfern:

„Ich sin hie in Nüß Süd un muß do un dohin. Wo es dat dann?".

„Wo küst du dann he?".

„Us Kölle".

„Dann passens op: fährse jetzt in Norf erunger und dann immer wigger jradus, dann besse do".

Wir also herunter, immer geradeaus und stehen nach 10 Minuten in der Pampa.

„Nee", sagt mein Fahrer, *„hie kann et net sin".*

Und fährt weitere zehn Minuten herum, um sich an einer Tankstelle zu erkundigen. Die lachen sich halb tot, weil: wo wir hinwollten, war am anderen Ende von Düsseldorf. Mit einer halben Stunde Verspätung kommen wir schließlich an. Meine Entschuldigung: „Krieg der Städte" wurde akzeptiert.

Nach meinem Auftritt mußte ich wieder zurück nach Köln. Ich also wieder *in et* Taxi, diesmal ein Düsseldorfer Fahrer.

„Die Adress kenn ich net", sagt der Fahrer, *„ewwer kein Problem: die Kollejen in Kölle helfen mir sicher om Kanal 2 weiter, die tue ich dann anfunken".*

Gesagt, getan.

„Ich sin hie om Kreuz Köln Nord un muß do un dohin. Wo es dat dann?".

„Wo küst du dann her?".
„Us Düsseldorf".
„Dann passens op: fährse immer wigger, und dann am Zollstock links, dann besse do!".
Und wissen Sie, wo ich hin mußte? Nach Longerich! (Anmerkung für Westfalen: der Zollstock liegt im Süden Kölns, Longerich ist einer der nördlichsten Ortsteile dieser wunderbaren Stadt, die sich einem nur erschließt, wenn man offenen Herzens in ihr lebt und sich in ihr treiben läßt, gleichsam schwerelos sich dem Lebensfluß der Kölner anschließt, was natürlich nur kann, wer über eine ähnliche mentale Leichtigkeit verfügt wie der Rheinländer, eine Eigenschaft, die leider oder zum Glück nicht jedem der deutsche Sprache Mächtigen gegeben . . .!).

DER FIESE RHEINLÄNDER

Ach, da muß ich aber arg Luft holen. Ja, natürlich, den gibt es auch, den fiesen Rheinländer, *willse machen*. Das ist der Rheinländer, der immer wieder als Beispiel für alle aus der Kiste gezogen wird, der Schluzi, der nur auf seinen eigenen Vorteil bedacht ist, der Roßtäuscher, der sich und anderen ewig was vormacht, um nicht erkennen zu lassen, daß sein Gesicht eine Fratze ist, der scheinbar Leutselige, dessen größtes Glück ist, auf Kosten anderer Leute selig zu werden. Er steht wie Du und ich am Tresen und man muß ihm schon genau zuhören, wenn man sein wahres Ich entdecken will. Er lacht gerne, wenn auch meist auf Kosten anderer und ist überhaupt alles in allem einer, der nur eines bedauert: daß es heute keine Blockwarte mehr gibt.
Es gibt ihn zum Beispiel so:

Wenn man esu bedenk,
wat der Minsch all imstand es
zu tuen
oder
zu lassen
also dat is immer wieder erstaunlich, ne
hier:
om Mond fliejen, ne
oder ebends: dat nicht zu tuen
also, wie soll ich saren:
wenn jetzt einer zu mir köhm un dät sage:
du kanns morje nohm Mond
wör beides schwer:
es zu tuen oder es zu lassen, weil:
ich wüßt dann in dem Moment jar net esu jenau . . .
und wenn man dat jetzt emol weiterdenkt
TUN und LASSEN

also do weiß man manchmol net mieh
ein und aus, ne
dieser Tage zum Beispiel
hab ich jelesen
mit dem Sellevsmord, ne
also die Statistik, ne
un dat dat also am wenigsten im Rheinland
un am meisten im Norden
wo ebends mehr Protestanten
als wies normal Gläubige, ne
ich meine:
dat fällt ja sicher keinem leicht,
jetzt also dat Leben
und obendrein dat eijene, ne
einfach abzublasen, ne
sch-meine: is ja ein großer Schritt, ne
un do frägt man sich jo:
wie kohm dat dann eijentlich, ne?
hier:
beim Jupp von uns Stroß
domols
ich meine: klar, der hatte keine Schangse, ne
und dat dieser Mann jetzt do
quasi
zum Äußersten jegriffen hätt:
normal
hat man ja Verständnis für:
Vater unbekannt, Mutter e Rievkoochebood
hä johrelang en dr Blech wejen kläue
un dat all
mit dem hatte man ja jahrelang
kein Wort mehr jewechselt
in uns Stroß, ne
normal

also dat der dann irjendswann sagt:
tut mir leid, ohne mich
jot
in dem Fall
OBWOHL
et hät jo och beim Jupp
Momente jejowwe
wo et schön wor:
hier: beim Straßenfest domols z. B.,
dä Jupp eene nohm andere usjejowwe
mußte man dem natürlich zuprosten
normal, ne
war nicht leicht
vor aller Augen esu jemandem zuzeproste
ewwer ejal
hat man einfach jemacht, ne
aber wie der dann sternharelsvoll
newwe dä Wööschtschebood
in der Mülleimer jefalle es
und mir dä dann erusjetrocke
Senf und Curry un dat all
wat haben mir do jelaach, ne
sch-meine:
dat sin jo Momente im Leben
do erzählt man sich ja jahrelang von
und wie dann die Rede wor
dat dä Jupp dem Beueler Mädche do e Kingk
aanjedrieht,
sch-meine
da hat man dann schon mal dat ein
oder andere aufmunternde Wort
für dä Jupp parat jehatt, ne:
Tja Jupp, musse gucken, ne
Pänz koste Jeld, hehe

Modell
"Windrose"
STETSON - Privileg der Erfolgreichen
Lizenzhersteller der STETSON-Hüte:
MAYSER'S HUTFABRIK Ulm/Donau

und dä wußt nit mih in un us, ne
sch-meine: er hatt jo och nix an die Fööß
ewwer och jar nix, ne
dat do dann schon mal die Verzweiflung
Herr über einen wird
normal, ne
ewwer sich deshalb gleich dat Leben nehmen
also ich weiß et net
aber so is der Mensch ebends:
der eine nimmt sein Schicksal auf sich
der andere wirft et weg, ne
un do jetzt der Protestant ebends
leichter als wies der Katholik, weil:
dä Protestant muß ja alles alleine traren,
wo unsereins mal kurz in der Beichtstuhl ereinschaut
und dä Fall hätt sich, ne
aberöm:
komisch bleibt et trotzdemm:
dat der eine ebends wat tut, ne
und der andere genau datselbe läßt
also sich zum Beispiel dat Leben nehmen, ne
aber ich sare immer:
et es wie et es
willse machen, ne

DER RHEINLÄNDER UND SEIN POSITIVES WESEN

Als die Natur domols, also seinerzeit quasi – jetzt em April sin et jenau 40 Millionen Johr he – die Efolution en die Jäng jekräje hät, do hät sie für all och jleichzeitig et Jejenteil erfunge. Hier: die Möck un dä Elefant, ne, oder om elektrische Strom: dat Plus un dat Minus, Poden un Antipoden (unge en Australien, ne, wo die do om Kopp erömloofe oder wat, weiß jo keine esu jenau), Mannslück un Wieverlück, Kölsch un Alt, Preußen un Bayern (obwohl: dä Preuße es jo quasi von allem, wat lööf, et Jejenteil, ne), normaler Jlauben un Protestant, kurzum: zickdemm es et Elend en dr Natur. Wat hät et schön sin künne, ne, ewwer: willse maache. Et es wie et es. Hier: de Ääd jo och. Früher, wie de Ääd noch en Schiev wor, wor dat prima: Jeder wußt Bescheid, koot hinger Jibraltar wor die Welt am Engk, feedich. Zickdemm ewwer de aale Jrieche (vür allem dä aale Eratosthenes) de Schiev zu ener Kugel opjepump han, es kei Rauh mieh. Ewwer jot, wat solle mer do lamenteere. Nur: dä Weßfale och. Dä es jo zick dä Efolution dä natürliche Feind des Rheinländers, weil ebends die Natur domols für alles och et Jejenteil . . .!

Was uns wiederum direkt in eines der Zentren rheinischen Wesens führt:

der Rheinländer ist ein durch und durch positiver Mensch. Zwei Beispiele:

Ist eine Situation dazu angetan, einen Rheinländer bis zur Weißglut zu reizen, dergestalt, daß nur noch ein Gedanke sein Denken beherrscht: „*Wo es et Mezz?!*“, so wird er – müßte er sich verbal behelfen – diese Situation immer unter Zuhilfenahme eines Wortes zu beenden versuchen, das ausschließlich positiven Inhalten zur Verfügung steht: das Wörtchen ‚gut‘. Und er wird brüllen:

„*Jo es et dann bal jot!*“. Weil er eben so positiv ist.
Oder:

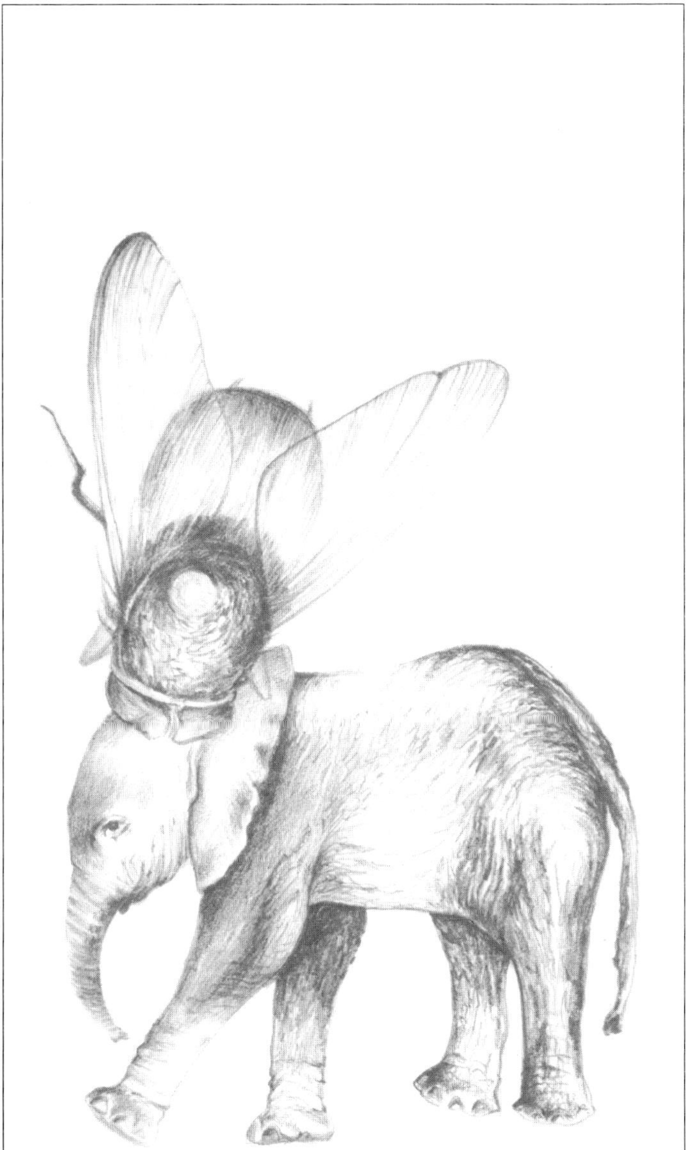

Der Rheinländer ist absolut unfähig, ‚Nein' zu sagen. Es kommt ihm nicht über die Lippen, weil es ein so negatives Wort ist. Ich meine: *„Nee, nee, nee", dat jo!* Aber: „Nein!"? Niemals. Geben Sie zum Beispiel einem Rheinländer einen Auftrag. Fragen Sie 14 Tage später nach, ob er ihn erfüllt hat. FALLS er ihn erfüllt HABEN SOLLTE – *jot, kei Sprechen dröwwer.* Aber: falls er den Auftrag nicht erledigt hat, werden Sie weltweit nicht einen Rheinländer treffen, der sagt:

„Ich hab dat net erledigt".

Dat wör esu negativ, ne!

Er wird es immer positiv ausdrücken und sagen:

„Ich wollt dat dieser Tage noch erledigt haben . . ."!

Ist das nicht wunderbar? Na also.

EIN PAAR WORTE ZUM BUCHSTABENKRIEG

Wie überall, wo Autoren versuchen, gesprochene Sprache ins Schriftbild zu zwängen, gibt es auch im Rheinland ganze Saalschlachten darüber, wie denn nun die ‚richtige' Schreibweise der gelebten Sprache auszusehen habe. Wenn man allerdings so wie ich zu denen gehört, die sich mit einer Sprache befassen, die noch nicht mal ihre ‚eigene' ist *(ich sin jo jebürtig us Südtirol),* bekommt man von allen Seiten Hiebe. Dies um so mehr, als ich mich ja nicht so sehr mit dem Dialekt (wo sich ja sofort die Frage erhöbe: mit welchem? Kölsch? Bönnsch? Düsseldorfer Platt? Oder wie? Oder wat?), als vielmehr mit der rheinischen Umgangssprache befasse. So habe ich mich entschlossen, da, wo es um Umgangssprache geht, mich nur noch von meinem Ohr leiten zu lassen, und da, wo es um Dialekt geht, mich an „den Wrede" zu halten, dessen Werk „Neuer kölnischer Sprachschatz" eine Fundgrube weit über das Lexikalische hinaus ist. Falls Ihnen, sprachgeübte Leserin und puristischer Leser, aufgefallen sein SOLLTE, daß in vielen Geschichten Umgangssprache und kölscher Dialekt einander abwechseln und oft genug sich miteinander vermengen, so kann ich nur sagen: *jenau! Stimmp! Un: ich han mir jet jedach dobei!*

So wünsche ich mir, daß meine Geschichten auf die richtige Seite fallen, da, wo gelacht und die gute Absicht hinter mancher Unbeholfenheit gesehen wird. *Und falls eine allt wigge kühmp: selver schrieve mät och Spaß!*
In diesem Sinne: *vill Freud beim Lesse un Laache!*